Grundlagen Datenschutz
Eine Information für Beschäftigte

"Datenschutz ist unerlässliche Voraussetzung für eine demokratisch verantwortbare Informationsgesellschaft."

Hartmut Lubomierski
Presseerklärung zum 1. Europäischen Datenschutztag am 28. Januar 2007

Boris Koppenhöfer

Grundlagen Datenschutz
Eine Information für Beschäftigte

Haftungsansprüche gegen den Verlag oder den Autor für Schäden materieller oder ideeller Art, die durch die Nutzung oder Nichtnutzung der Informationen bzw. durch die Nutzung fehlerhafter und/oder unvollständiger Informationen verursacht wurden, sind grundsätzlich ausgeschlossen. Rechts- und Schadenersatzansprüche sind daher ausgeschlossen. Das Werk inklusive aller Inhalte wurde unter größter Sorgfalt erarbeitet. Es kann keine juristische Verantwortung sowie Haftung in irgendeiner Form für fehlerhafte Angaben und daraus entstandenen Folgen vom Verlag bzw. Autor übernommen werden.

2. überarbeitete Auflage

Bibliografische Information der Deutschen Nationalbibliothek:

Die Deutsche Nationalbibliothek verzeichnet diese Publikation in der Deutschen Nationalbibliografie. Detaillierte bibliografische Daten sind im Internet über **http://dnb.dnb.de** abrufbar.

© 2015 by **Boris Koppenhöfer**

Abbildungen © Trueffelpix / Fotolia.com

Herstellung und Verlag: BoD – Books on Demand, Norderstedt

ISBN: 978-3- 7347-8616-7

Der Autor

Boris Koppenhöfer ist geschäftsführender Gesellschafter der Koppenhöfer & Werner Beratungsgesellschaft.

Er berät Unternehmen hinsichtlich Datenschutz und IT-Compliance und ist als externer Datenschutzbeauftragter tätig.

Boris Koppenhöfer ist Mitglied im Bundesverband der Datenschutzbeauftragten (BvD) und der Gesellschaft für Datenschutz und Datensicherheit (GDD).

http://www.ko-we.de

Einleitung

Da sie im Rahmen ihrer Tätigkeit mit personenbezogenen Daten umgehen, betrifft sie das Thema Datenschutz hinsichtlich bestehender Gesetze und Verordnungen.

Personenbezogene Daten von Kunden, Lieferanten, Mitarbeitern oder Dritten dürfen ausschließlich auf Grundlage gesetzlicher Vorschriften, insbesondere dem Bundesdatenschutzgesetz (BDSG) erhoben, verarbeitet und genutzt werden.

Alle Mitarbeiter sind zur Wahrung des Datengeheimnisses verpflichtet. Diese Verpflichtung gilt auch über das Ende des Beschäftigungsverhältnisses hinaus.

Sinn und Zweck des Datenschutzes ist der Schutz des Einzelnen vor Beeinträchtigungen seiner Persönlichkeitsrechte beim Umgang mit seinen personenbezogenen Daten. Um das zu erreichen, ist ein verantwortungsvolles Handeln im Umgang mit personenbezogenen Daten erforderlich. Ebenso muss die gesamte Nutzung der IT-Systeme risikobewusst und verantwortungsvoll erfolgen.

Grundlagen Datenschutz – Eine Information für Beschäftigte gibt Ihnen einen Überblick über die Grundlagen des Datenschutzes und der Anwendung in der betrieblichen Praxis.

Boris Koppenhöfer

Aus Gründen der Lesbarkeit wurde auf die Trennung von weiblicher und männlicher Form verzichtet.

Inhalt

1 Grundlegendes 1
2 Grundbegriffe 3
3 Grundprinzipien des Datenschutzes 8
4 Datengeheimnis 13
5 Rechte des Betroffenen 14
6 Beschäftigtendatenschutz 16
7 Videoüberwachung 19
8 Technische und organisatorische Schutzmaßnahmen..22
9 Auftragsdatenverarbeitung 27
10 Datenschutz im Büroalltag 29
11 Verantwortung in Sachen Datenschutz 37
12 Der Datenschutzbeauftragte 39
13 Datenschutzkontrolle 41
14 Datenschutzverstöße 43

1 Grundlegendes

1.1 Zweck des Datenschutzes

Den Zweck des Datenschutzes hat der Gesetzgeber in § 1 Abs. 1 Bundesdatenschutzgesetz (BDSG) festgelegt. Diese Bestimmungen konkretisieren das allgemeine Persönlichkeitsrecht aus dem Grundgesetz (GG).

Der Einzelne soll davor geschützt werden, dass er durch den Umgang mit seinen personenbezogenen Daten in seinem Persönlichkeitsrecht beeinträchtigt wird. Er soll selbst entscheiden können, wem welche seiner personenbezogenen Daten zugänglich gemacht werden sollen.

Die Grundlagen des Datenschutzes sind im Bundesdatenschutzgesetz geregelt. Darüber hinaus gibt es datenschutzrelevante Regelungen in anderen Gesetzen[1]. Auch vertragliche Re-

---

[1] Telemediengesetz (TMG), Telekommunikationsgesetz (TKG), Gesetz gegen den unlauteren Wettbewerb (UWG), Kunsturhebergesetz (KunstUrhG), Sozialgesetzbücher (SGB), Betriebsverfassungsgesetz (BetrVG) etc.

gelungen können datenschutzrelevante Bestimmungen enthalten. So finden sich solche Regelungen beispielsweise in Arbeitsverträgen, Betriebsvereinbarungen oder Arbeitsanweisungen.

1.2 Persönlichkeitsrecht

Das allgemeine Persönlichkeitsrecht ist ein Grundrecht.

Es ergibt sich aus Art. 2 Abs. 1 GG in Verbindung mit Art. 1 Abs. 1 GG. Es räumt dem Einzelnen das Recht auf

- Sozialsphäre (Öffentlichkeit und berufliches Umfeld)
- Privatsphäre (Privates Umfeld)
- Intimsphäre (Gedanken, Gefühlswelt, Gesundheit und Sexualität)

ein.

Besondere Ausprägungen des allgemeinen Persönlichkeitsrechts, die für den Umgang mit personenbezogenen Daten relevant sind:

- Recht auf informationelle Selbstbestimmung,
- Recht am eigenen Bild,
- Recht auf Vertraulichkeit und Integrität informationstechnischer Systeme.

2 Grundbegriffe

2.1 Personenbezogene Daten

Das BDSG legt in § 3 Abs. 1 fest, was unter personenbezogenen Daten zu verstehen ist:

Personenbezogene Daten sind **Einzelangaben über persönliche oder sachliche Verhältnisse einer bestimmten oder bestimmbaren natürlichen Person.**

Beispiele für personenbezogene Daten:

Name, Geburtsdatum, Telefonnummer, E-Mail-Adresse, Aussehen, Bankverbindung.

Immer wenn durch eine Information ohne besondere Schwierigkeiten auf die dazugehörige natürliche Person geschlossen werden kann, ist von personenbezogenen Daten auszugehen.

Daten von juristischen Personen, beispielsweise GmbH oder AG, sind vom Bundesdatenschutzgesetz nicht erfasst. Da jedoch auch Gesellschaften mit nur einem Gesellschafter existieren, können auch Daten von juristischen Personen personenbezogene Daten sein. In jedem Fall sind die Daten von Ansprechpartnern einer AG oder GmbH personenbezogene Daten.

Der Personenbezug muss nicht immer direkt herstellbar sein, damit Daten als personenbezogene Daten gelten. Beispielsweise fallen auch Kfz-Kennzeichen oder IP-Adressen durch die Bestimmbarkeit der dazugehörigen Person unter das Bundesdatenschutzgesetz.

Daten, bei denen keinerlei Bezug zu einer natürlichen Person besteht, unterliegen nicht den Bestimmungen des Datenschutzes.

2.2 Besondere Arten personenbezogener Daten

Das BDSG legt in § 3 Abs. 9 fest, was unter besondere Arten personenbezogener Daten zu verstehen ist.

Besondere Arten personenbezogener Daten sind: Angaben über die **rassische** und **ethnische Herkunft**, **politische Meinungen**, **religiöse oder philosophische Überzeugungen**, **Gewerkschaftszugehörigkeit**, **Gesundheit** oder **Sexualleben**.

Besondere Arten personenbezogener Daten sind aufgrund ihrer Sensibilität besonders geschützt.

Die Bankverbindungsdaten zählen nicht zu den besonderen Arten personenbezogener Daten, sind aber durch § 42a BDSG besonders geschützt.

2.3 Betroffener

Betroffener im Sinne des BDSG ist die im Hinblick auf personenbezogene Daten bestimmte oder bestimmbare natürliche Person.

Betroffener kann jede natürliche Person sein. Beispielsweise Arbeitnehmer, Bewerber, Kunden, Interessenten, Lieferanten, etc.

Aber auch jeder Dritte ohne Bezug zum Unternehmen kann Betroffener sein.

Jeder Betroffene hat spezielle Rechte, siehe auch § 6 BDSG.

2.4 Verantwortliche Stelle

Verantwortliche Stelle im Sinne des BDSG ist jede Person oder Stelle, die personenbezogene Daten für sich selbst erhebt, verarbeitet oder nutzt oder dies durch andere im Auftrag vornehmen lässt.

2.5 Dritter/Empfänger

Dritter ist jede Person oder Stelle außerhalb der verantwortlichen Stelle.

Beispiele:

- Anderes Unternehmen (auch innerhalb des Konzerns),
- Behörde,
- öffentliche Stelle.

Empfänger ist, wer personenbezogene Daten erhält.

Beispiele:

- Mitarbeiter anderer Abteilungen im Unternehmen,
- Geschäftsführer,
- Datenschutzbeauftragter.

2.6 Erheben, Verarbeiten, Nutzen

2.6.1 Erheben

ist jedes Beschaffen von personenbezogenen Daten über einen Betroffenen

- Umfrage, Preisausschreibens, Anträge und Formulare,
- Bestellformular im Onlineshop,
- Aufnahme von Zeitdaten, Leistungsdaten.

2.6.2 Verarbeiten

ist jedes Speichern, Verändern, Übermitteln, Sperren und Löschen von personenbezogenen Daten.

Speichern
Erfassen, Aufnehmen, Aufbewahren personenbezogener Daten auf elektronischem Datenträger.

Verändern
Inhaltliche Umgestaltung personenbezogene Daten.

Übermitteln
Bekanntgabe oder Weitergabe personenbezogener Daten an Dritte.

Sperren
Kennzeichnen gespeicherter personenbezogener Daten, um ihre weitere Verarbeitung oder Nutzung einzuschränken.

Löschen
Unkenntlichmachung gespeicherter personenbezogener Daten, z. B. Schreddern, Überschreiben, Vernichten, Zerstören.

2.6.3 Nutzen

ist jede Verwendung personenbezogener Daten, soweit es sich nicht um eine Form der Verarbeitung handelt.

Beispiele:

- Einsatz von Adressdaten aus der Kundendatenbank, um Werbepost zu versenden.
- Errechnen des Gehalts eines Akkordarbeiters aus vorhandenen Leistungsdaten.

3 Grundprinzipien des Datenschutzes

3.1 Verbot mit Erlaubnisvorbehalt

Jedes Erheben, Verarbeiten oder Nutzen personenbezogene Daten unterliegt dem so genannten Erlaubnisvorbehalt.

Erlaubnisvorbehalt bedeutet, dass das Erheben, Verarbeiten oder Nutzen nur zulässig ist, wenn

- das BDSG oder
- eine andere Rechtsvorschrift

dies erlaubt oder anordnet oder

- die Einwilligung des Betroffenen vorliegt.

Ohne tragfähige Rechtsgrundlage ist das Erheben, Verarbeiten oder Nutzen personenbezogener Daten unzulässig. Sollten personenbezogene Daten bereits ohne Rechtsgrundlage erhoben oder verarbeitet worden sein müssen diese wieder gelöscht werden.

3.2 Transparenz

Jeglicher Umgang mit personenbezogenen Daten muss für den Betroffenen erkennbar und nachvollziehbar sein. Der Umgang mit personenbezogenen Daten darf grundsätzlich nicht heimlich erfolgen.

Der Betroffene muss erkennen können,

- wer,
- welche personenbezogenen Daten,
- zu welchem Zweck,
- in welcher Weise

erhebt, verarbeitet oder nutzt.

3.3 Datensparsamkeit und Datenvermeidung

Im § 3a BDSG ist das so genannte Minimalprinzip verankert.

Das Erheben, Verarbeiten und Nutzen personenbezogener Daten und die Auswahl und Gestaltung von Datenverarbeitungsverfahren müssen sich am Ziel orientieren, **so wenig personenbezogene Daten wie möglich** zu erheben, zu verarbeiten oder zu nutzen.

Das bedeutet beispielsweise, dass auf Bestellformularen alle nicht **notwendigen** Felder als freiwillig zu kennzeichnen sind.

3.4 Anonymisieren und Pseudonymisieren

Wenn es nach dem Verwendungszweck der personenbezogenen Daten möglich ist und keinem im Verhältnis zu dem angestrebten Schutzzweck unverhältnismäßigen Aufwand erfordert, müssen personenbezogene Daten anonymisiert oder pseudonymisiert werden.

Anonymisieren
Daten derart verändern, dass kein Bezug zu einer natürlichen Person hergestellt werden kann.

Pseudonymisieren
Ersetzen der Identifikationsmerkmale der Daten durch Kennzeichen, um den Personenbezug zu erschweren oder auszuschließen.

3.5 Zweckbindung

Bereits vor der Erhebung von personenbezogenen Daten muss der Zweck der Erhebung, Verarbeitung oder Nutzung festgelegt sein.

Daten dürfen ausschließlich für den festgelegten Zweck erhoben, verarbeitet oder genutzt werden. Eine spätere Änderung des Zwecks ist grundsätzlich nicht möglich.

Hiervon sind Ausnahmen möglich. Wenn beispielsweise die Zweckänderung der Wahrung berechtigter Interessen der verantwortlichen Stelle oder eines Dritten dient und eine Interessenabwägung zu Gunsten der verantwortlichen Stelle oder des Dritten ausfällt.

3.6 Erforderlichkeit

Das Erheben, Verarbeiten oder Nutzen personenbezogener Daten ist nur dann zulässig, wenn dies für die Erreichung des vorher festgelegten Zwecks erforderlich ist.

Hier ist sowohl die Verhältnismäßigkeit zu prüfen, wie auch die Abwägung zwischen den berechtigten Interessen der verantwortlichen Stelle und den schutzwürdigen Interessen des Betroffenen durchzuführen.

3.7 Einwilligung

Begriffsklärung: Eine Einwilligung ist die **vorherige** Zustimmung.

Eine nachträgliche Genehmigung ist im Datenschutz nicht vorgesehen. Das nachträgliche Einholen einer Genehmigung macht das Erheben, Verarbeiten oder Nutzen personenbezogener Daten nicht im Nachhinein zulässig.

Die Einwilligung im Datenschutz gilt nicht notwendigerweise zeitlich unbegrenzt. Die Einwilligung kann mit Wirkung für die für die Zukunft widerrufen werden.

Damit eine Erhebung, Verarbeitung oder Nutzung von personenbezogenen Daten auf eine Einwilligung eines Betroffenen gestützt werden kann, sind bestimmte Formvorschriften einzuhalten:

- Schriftlichkeit,
- freie Willensentscheidung,
- Information bezüglich Erhebung, Verarbeitung und Nutzung der personenbezogenen Daten.

Die Schriftform ist nur in Ausnahmefällen entbehrlich. Die Einwilligung kann elektronisch erklärt werden. Bei einer Einwilligungserklärung im so genannten Kleingedruckten ist eine besondere optische Hervorhebung erforderlich.

4 Datengeheimnis

im § 5 BDSG ist festgelegt, dass es den bei der Datenverarbeitung beschäftigten Personen untersagt ist, personenbezogene Daten unbefugt zu erheben, zu verarbeiten oder zu nutzen.

Alle Personen, die Umgang mit personenbezogenen Daten pflegen, sind auf das Datengeheimnis zu verpflichten.

Die Verpflichtung auf das Datengeheimnis muss bei Tätigkeitsaufnahme erfolgen. Sie sollte grundsätzlich schriftlich erfolgen.

Das Datengeheimnis gilt auch über das Ende des Beschäftigungsverhältnisses hinaus.

5 Rechte des Betroffenen

Jeder Betroffene hat in Bezug auf seine personenbezogenen Daten gesetzlich zugesicherte Rechte. **Diese Rechte können weder ausgeschlossen noch eingeschränkt werden.**

Im Einzelnen sind dies:

Recht auf Auskunft (§ 34 BDSG), Recht auf Berichtigung, Löschung und Sperrung (§ 35 BDSG).

5.1 Recht auf Auskunft (§ 34 BDSG)

Verlangt ein Betroffener Auskunft, muss die verantwortliche Stelle grundsätzlich Auskunft erteilen über

- die zu seiner Person gespeicherten Daten,
- den Empfänger oder die Kategorien von Empfängern, an die Daten weitergegeben werden und
- den Zweck der Speicherung.

Das Auskunftsrecht besteht unabhängig von einer Rechtsbeziehung zwischen der verantwortlichen Stelle und dem Betroffenen.

Verlangt ein Betroffener Auskunft zu seinen personenbezogenen Daten, müssen unverzüglich die Geschäftsleitung und der Datenschutzbeauftragte informiert werden!

Auskunftsanfragen von Betroffenen dürfen nicht von vorneherein abgelehnt oder ignoriert werden.

Erfolgt keine oder eine unvollständige Auskunft seitens der verantwortlichen Stelle, kann sich der Betroffene an die Aufsichtsbehörde für den Datenschutz wenden. Die mögliche Folge sind hohe **Bußgelder** von derzeit bis zu 50.000 €.

5.2 Recht auf Berichtigung (§ 35 BDSG)

Personenbezogene Daten müssen richtig sein. Ein Betroffener kann Korrektur der Daten verlangen wenn sie unrichtig sind.

Auch hier gilt: das Nichtbeachten dieses Rechts kann hohe Bußgelder nach sich ziehen!

5.3 Recht auf Löschung oder Sperrung (§ 35 BDSG)

Personenbezogene Daten müssen insbesondere dann gelöscht werden, wenn

- die Speicherung an sich schon unzulässig ist oder
- deren Kenntnis für den mit der Speicherung verfolgten Zweck nicht mehr gegeben ist.

Sollten der Löschung bestehende Aufbewahrungspflichten entgegenstehen oder die Löschung einen unverhältnismäßigen hohen Aufwand darstellen, darf anstelle der Löschung die Sperrung der Daten treten.

6 Beschäftigtendatenschutz

Der Schutz personenbezogener Daten von Beschäftigten des Unternehmens ist im BDSG separat geregelt.

6.1 Beschäftigter im Sinne des § 3 Abs. 11 BDSG

Im § 3 Abs. 11 BDSG ist festgelegt, wer Beschäftigter im Sinne des BDSG ist:

- Arbeitnehmer und arbeitnehmerähnliche Personen,
- Auszubildende,
- Bewerber,
- ausgeschiedene Beschäftigte,
- Beschäftigte nach dem Jugendfreiwilligengesetz,
- Beschäftigter in anerkannten Behindertenwerkstätten,
- Beschäftigte in der Reha oder Wiedereingliederungsmaßnahmen,
- Beamte, Richter, Soldaten, Zivildienstleistende.

6.2 Erheben, Verarbeiten und Nutzen von Beschäftigtendaten

Das Erheben, Verarbeiten oder Nutzen personenbezogener Daten eines Beschäftigten ist nur gestattet, wenn es erforderlich ist für

- die Entscheidung über die Begründung eines Beschäftigungsverhältnisses oder
- die Durchführung des Beschäftigungsverhältnisses oder
- die Beendigung des Beschäftigungsverhältnisses.

6.3 Erheben, Verarbeiten und Nutzen von Beschäftigtendaten bei Ermittlungen/Straftaten

Das Erheben, Verarbeiten und Nutzen von Beschäftigtendaten bei Ermittlungen oder Aufklärung von Straftaten ist an strenge Bedingungen geknüpft. Es müssen zunächst bestimmte Voraussetzungen erfüllt sein.

Voraussetzungen, die alle erfüllt sein müssen:

- Das Ziel ist ausschließlich die Aufdeckung von Straftaten,
- dokumentierte tatsächliche Anhaltspunkte begründen den Verdacht, dass einen Straftat begangen wurde,
- die Erhebung, Verarbeitung oder Nutzung ist zur Aufdeckung erforderlich,
- das schutzwürdige Interesse des Beschäftigten an dem Ausschluss der Erhebung, Verarbeitung oder Nutzung überwiegt nicht (keine Unverhältnismäßigkeit).

6.4 Datenverarbeitung mit Papier und Bleistift

Alle Bestimmungen zum Umgang mit beschäftigten Daten gelten auch dann, wenn personenbezogene Daten nicht automatisiert erhoben, verarbeitet oder genutzt werden.

Insbesondere die Erforderlichkeit muss gegeben sein und der Zweckbindungsgrundsatz muss berücksichtigt werden.

Beispiele:
- Handschriftlich ausgefüllter Beurteilungsbogen,
- vom Vorgesetzten oder Personalbüro zusätzlich geführte Personalakte in Papierform.

6.5 Betriebsvereinbarungen

Betriebsvereinbarungen sind andere Rechtsvorschriften nach § 4 Abs. 1 BDSG.

Somit gehen Betriebsvereinbarungen den Regelungen des BDSG vor und können vom BDSG abweichende Regelungen treffen.

Diese Abweichungen dürfen keine Grundsätze des Datenschutzes aushebeln und keinen Verstoß gegen höherrangiges Recht verursachen, z. B. Strafrecht oder Grundgesetz.

7 Videoüberwachung

Jede Videoüberwachung von Personen ist in jedem Falle datenschutzrelevant.

Zunächst wird unterschieden, um welche Art Bereich es sich bei der Videoüberwachung handelt.

7.1 Öffentlich zugängliche Bereiche (§ 6b BDSG)

Öffentlich zugänglich ist ein Raum oder eine Fläche, die von einer **nicht bestimmten Personengruppe**, also jedermann, betreten werden darf.

Beispiele:
Supermarkt, Shoppingcenter, Parkhaus, Stadion, Tankstelle, Außenfläche eines Firmengebäudes, Eingangsbereich.

Die Rechtsgrundlage für die Videoüberwachung von öffentlich zugänglichen Bereichen ist § 6b BDSG.

7.2 Nicht-öffentlich zugängliche Bereiche

Nicht-öffentlich zugänglich ist ein Raum oder eine Fläche, die nur von einer **bestimmten Personengruppe** betreten werden darf.

Beispiele:

Betriebsgelände, Lagerhalle, Büro.

Bei Nicht-öffentlich zugänglichen Bereichen gilt u. a. § 32 BDSG, denn Videodaten sind auch personenbezogene Daten von Beschäftigten.

Wesentliche Rahmenbedingungen des § 6b BDSG sind bei der Prüfung der Erforderlichkeit zu berücksichtigen.

7.3 Rahmenbedingungen nach § 6b BDSG

7.3.1 Beobachtung

Die Beobachtung ist nur für bestimmte Zwecke erlaubt, zum Beispiel zur Wahrung des Hausrechts oder zur Wahrnehmung berechtigter Interessen für konkret festgelegte Zwecke.

7.3.2 Hinweispflicht

Es besteht eine Hinweispflicht, dass eine Überwachung stattfindet und wer die Überwachung durchführt und dafür verantwortlich ist.

7.3.3 Aufzeichnung

Bei der Aufzeichnung von Videomaterial gelten weitere Anforderungen:

- Sie muss für die Erreichung des Zwecks erforderlich sein,

- es darf keine Anhaltspunkte für überwiegende schutzwürdige Interessen der Betroffenen geben,
- die Datenlöschung hat unverzüglich zu erfolgen, wenn die Daten nicht mehr erforderlich sind oder die Speicherung mit Betroffeneninteressen unvereinbar ist oder wird.

7.4 Wichtige Hinweise zur Videoüberwachung

Die Videoüberwachung muss auf das Grundstück beschränkt bleiben.

Aufgrund der Überwachungsfunktion muss der Einsatz von Videokameras mit dem Betriebsrat abgestimmt werden (Betriebsvereinbarung gem. § 87 Abs. 1 Nr. 6 Betriebsverfassungsgesetz).

In der Regel ist eine Vorabkontrolle des Datenschutzbeauftragten erforderlich, denn mit Videoüberwachung werden die Rechte und Freiheiten von Betroffenen grundsätzlich erheblich beeinträchtigt.

Heimliche Videoüberwachung ist nur in Ausnahmefällen zulässig.

8 Technische und organisatorische Schutzmaßnahmen

Jede verantwortliche Stelle, die für sich selbst oder im Auftrag personenbezogene Daten erhebt, verarbeitet oder nutzt, muss technische und organisatorische Maßnahmen treffen, damit die Einhaltung des BDSG gewährleistet wird.

Erforderlich sind die Maßnahmen nur, wenn ihr Aufwand in einem angemessenen Verhältnis zu dem angestrebten Schutzzweck steht.

Die Zielrichtungen der technischen und organisatorischen Maßnahmen ergeben sich aus der Anlage zum § 9 Satz 1 BDSG.

Satz 2 der Anlage des § 9 Satz 1 BDSG (Übersicht)

Zutrittskontrolle
Zugangskontrolle
Zugriffskontrolle
Weitergabekontrolle
Eingabekontrolle
Auftragskontrolle
Verfügbarkeitskontrolle
Trennungskontrolle (Datentrennung)

8.1 Zutrittskontrolle

Zielsetzung

Unbefugte sollen Räume nicht betreten können, in denen sich Geräte befinden, mit den personenbezogenen Daten verarbeitet oder genutzt werden.

Typische Maßnahmen

- Verschlossene Türen und Fenster
- Zutrittskontrollsystem
- Alarmanlage
- Besucherregelung

8.2 Zugangskontrolle

Zielsetzung

Unbefugte sollen Datenverarbeitungssysteme nicht nutzen können. (z. B. Computer, Smartphone)

Typische Maßnahmen

- Passwortschutz

- Passwortregeln
- Einsatz von Verschlüsselung
- Clean Desk

8.3 Zugriffskontrolle

Zielsetzung

Berechtigte sollen ausschließlich auf die ihrer Zugriffsberechtigung unterliegenden personenbezogenen Daten zugreifen können und diese bei der Verarbeitung und Nutzung nicht unbefugt lesen, kopieren, verändern oder entfernen können.

Typische Maßnahmen

- Verschlüsselung von Daten
- Passwortschutz
- Berechtigungskonzept und Berechtigungsvergabe

8.4 Weitergabekontrolle

Zielsetzung

Personenbezogene Daten sollen bei elektronischer Übertragung, während des Transports oder bei Speicherung auf Datenträger nicht unbefugt gelesen, kopiert, verändert oder entfernt werden können.

Des Weiteren muss nachvollzogen werden können, an wen Daten übermittelt wurden.

Typische Maßnahmen

- Datenschutzkonformes Löschen oder Vernichten
- Protokollierung von Datenübertragungen

8.5 Eingabekontrolle

Zielsetzung

Es muss nachträglich überprüft und festgestellt werden können, ob und von wem personenbezogener Daten in Datenverarbeitungssysteme eingegeben, verändert oder entfernt worden sind.

Typische Maßnahmen

- Protokollierung von Eingaben und Änderungen
- stichprobenhafte Auswertung der Protokolle
- vier Augen Prinzip

8.6 Auftragskontrolle

Zielsetzung

Personenbezogene Daten, welche im Auftrag verarbeitet werden, sollen nur entsprechend den Weisungen des Auftraggebers verarbeitet werden können.

Typische Maßnahmen

- Kontrolle des Auftragnehmers auf Einhaltung der Weisungen und vereinbarter technisch-organisatorischer Schutzmaßnahmen.
- Schulung der an der Verarbeitung und Nutzung beteiligten Mitarbeiter.

8.7 Verfügbarkeitskontrolle

Zielsetzung

Personenbezogene Daten sollen gegen zufällige Zerstörung oder Verlust geschützt sein.

Typische Maßnahmen

- Datensicherungen
- Notfallkonzepte
- Unterbrechungsfreie Stromversorgung der zentralen IT

8.8 Trennungskontrolle (Datentrennung)

Zielsetzung

Personenbezogene Daten, die zu unterschiedlichen Zwecken erhoben wurden, sollen auch nur getrennt verarbeitet werden können.

Typische Maßnahmen

- Schulung von Mitarbeitern
- Technische oder logische Trennung von Datenbeständen

9 Auftragsdatenverarbeitung

9.1 Grundprinzip Auftragsdatenverarbeitung

Ein Unternehmen muss Personenbezogene Daten nicht selbst erheben, verarbeiten oder nutzen. Es kann sich eines Dienstleisters im Wege der Auftragsdatenverarbeitung bedienen.

Das Unternehmen bleibt für das Erheben, Verarbeiten und Nutzen verantwortlich, auch wenn dies durch einen Dienstleister erfolgt.

Das Unternehmen muss dem Dienstleister Vorgaben machen wie mit den personenbezogenen Daten umzugehen ist.

Das Unternehmen muss eine schriftliche Vereinbarung mit dem Dienstleister treffen. Der Inhalt der Vereinbarung ist durch den Gesetzgeber in § 11 Abs. 2 BDSG vorgegeben.

Auch bei Wartungsarbeiten durch Dienstleister ist eine schriftliche Vereinbarung erforderlich, wenn der Zugriff auf personenbezogene Daten nicht auszuschließen ist (§ 11 Abs. 5 BDSG).

Das Unternehmen muss den Dienstleister **vorab** und nach Aufnahme der Tätigkeit **regelmäßig** kontrollieren. Dies kann beispielsweise durch Fragebögen oder Vor-Ort-Kontrollen erfolgen.

9.2 Hinweise zur Auftragsdatenverarbeitung

- Den Datenschutzbeauftragten rechtzeitig einbinden, unter Umständen ist gar kein Fall der Auftragsdatenverarbeitung gegeben. Gegebenenfalls sind weitere Rahmenbedingungen zu berücksichtigen.
- Den Dienstleister nicht nur unter Kostenaspekten auswählen. Der Datenschutz beim Dienstleister spielt in der Auftragsdatenverarbeitung eine große Rolle.
- Nicht ohne schriftliche Vereinbarung mit der Datenverarbeitung durch den Dienstleister beginnen. Nachträgliche Vertragsverhandlungen zum Thema Datenschutz sind oft schwierig.

10 Datenschutz im Büroalltag

10.1 Clean Desk-Prinzip

Clean Desk-Prinzip bedeutet „reinen Tisch machen".

Aufräumen – Wegschließen - Abschließen

Unterlagen, Dokumente, Akten, Datenträger mit personenbezogenen Daten oder sensiblen Informationen für unberechtigte unzugänglich aufbewahren!

Schränke und Ablagen sowie Fenster und Türen bei längerer Abwesenheit bzw. nach Feierabend verschließen und abschließen!

10.2 Passwortsicherheit

Sichere Passwörter wählen

- Idealerweise mehr als acht Stellen, Groß- und Kleinschreibung verwenden, Sonderzeichen und Ziffern verwenden!

- Keine Passwörter verwenden, die leicht erraten werden können (Namen, Vornamen von Partner, Kindern, Bekannten, Haustiere, Klassiker wie: Urlaub, Sonne, Passwort)
- Nutzen einer Eselsbrücke wie beispielsweise die Anfangsbuchstaben einer Liedzeile oder eines Satzes verwenden und Fehler und Sonderzeichen einbauen.

Passwörter regelmäßig wechseln
- Das erhöht die Sicherheit erheblich!

Passwörter nicht aufschreiben
- Hier gilt: „Gelegenheit macht Diebe!"

Unterschiedliche Passwörter für unterschiedliche Systeme verwenden
- Dies erschwert Kriminellen erheblich die Arbeit!

Passwörter nicht weitergeben
- Passwörter gehen niemanden etwas an, Missbrauch anderer fällt gegebenenfalls auf Sie zurück!

Bei Verdacht auf Missbrauch, den Datenschutzbeauftragten informieren
- So lassen sich schnell Gegenmaßnahmen ergreifen und weiterer Schaden vom Unternehmen abwenden!

10.3 Schutz vor Viren

- Dateien, Dokumente, E-Mail Anhänge, Präsentationen aus unzuverlässigen Quellen nicht öffnen!
- Dateien von CDs oder USB Stick im Zweifel mit dem Virenscanner auf Viren prüfen!
- Virenscanner aktuell halten!

- Virenscanner nicht umgehen oder deaktivieren!
- Nicht eigenmäßig Software installieren, insbesondere nicht solche aus unzuverlässigen Quellen!
- Im Zweifel Rücksprache mit der IT Abteilung halten!

10.4 Computer bei Abwesenheit sperren

- Dies bringt Ihnen viele Vorteile. Unbefugte können nicht unter ihre Identität am Computer arbeiten und gegebenenfalls Schaden anrichten oder Daten entwenden bzw. zerstören!
- Die Sperrung wird unter Microsoft® Windows® beispielsweise durch die Tastenkombination **(Strg) + (Alt) + (Entf)** und dann Auswahl „Sperren/Computer sperren" aktiviert.
- in der Regel kann auch der Bildschirmschoner mit einer automatischen Sperre mit Passwortabfrage eingerichtet werden.

10.5 Auskünfte gegenüber Dritten

Auskünfte gegenüber Dritten dürfen nur gegeben werden, wenn feststeht, dass es sich um keine Unbefugten handelt!

Beispiel:

Es ruft jemand bei Ihnen am Arbeitsplatz an und möchte die private Adresse des Geschäftsführers haben. Sollten Sie die Adresse herausgeben?

Nein!

- Sie wissen nicht, für welchen Zweck der Anrufer die Daten verwenden will,
- der Anrufer kann genauso gut den Geschäftsführer selbst nach dessen private Anschrift fragen, also die personenbezogenen Daten direkt beim Betroffenen erheben.

10.6 Fremde auf dem Betriebsgelände

- Besucher, Gäste und andere Dritte sollten sich nicht allein auf dem Firmengelände bewegen. Es besteht

das Risiko der Industriespionage oder des Abhandenkommens oder Diebstahls von Gerätschaften, Informationen oder personenbezogenen Daten.
- Besucher, Gäste und andere Dritte am Empfang abholen und beispielsweise zum Besprechungsraum begleiten. Nach einem Termin oder einer Veranstaltung die Gäste und Besucher wieder hinaus begleiten.
- Unbegleitete Besucher Gäste oder Dritte ansprechen und Hilfe anbieten.

10.7 Entsorgung von Papier und Speichermedien

- Unterlagen und Papierdokumente mit personenbezogenen Daten oder vertraulichen Informationen sicher entsorgen
    - Akten vernichteter/Schredder
    - Datenschutztonne/"silberne Tonne"
- Datenträger wie Festplatten, USB-Sticks, CDs, DVDs etc. vor der Entsorgung datenschutzkonform löschen
    - idealerweise mehrfaches Überschreiben mit zufälliger Kombination aus 0 und 1
    - bei speziellen Fragen zu Löschmöglichkeiten mit IT Abteilung oder Datenschutzbeauftragten sprechen

10.8 Fallen im Internet

- Im Internet hat niemand etwas zu verschenken, personenbezogene Daten haben einen Marktwert!
- Geben Sie nur unbedingt erforderliche Daten an!
- Hinterfragen Sie, ob die Angabe bestimmter Daten wirklich für den verfolgten Zweck erforderlich ist!
- Achten Sie auf verschlüsselte Datenübertragung!
- Bankdaten sollten nur verschlüsselt übermittelt werden (SSL/TLD-Verschlüsselung, Schloss-Symbol)!
- Laden Sie keine Software herunter, die ein Datenschutz oder Sicherheitsrisiko darstellen könnte, in Software aus unsicheren Quellen werden oft Spionage oder Hackerprogramme versteckt!
- Laden Sie keine (personenbezogenen) Daten des Unternehmens in soziale Netzwerke hoch, diese Daten lassen sich kaum wieder einfangen!
- Antworten Sie nie auf Spam E-Mails und klicken Sie nie enthaltene Links an, dadurch bestätigen Sie nur die Echtheit ihrer Adresse!

10.9 Umgang mit interner und externer Post

Vertrauliche Hauspost und externer Post richtig adressieren

- Kennzeichnung **Persönlich/Vertraulich** oder **Name des Adressaten vor der Firmenadresse** bedeuten, dass der Umschlag **nur vom Adressaten** geöffnet werden darf!
- Fehlt die Kennzeichnung, darf der Umschlag auch von Vorgesetzten oder Stellvertretern des Adressaten geöffnet werden.
- Umschläge mit vertraulichem Inhalt am besten nicht in allgemein zugängliche Hauspostfächer ablegen, sondern im Adressaten direkt aushändigen.

10.10 Fragen kostet nichts!

Insbesondere in folgenden Fällen sollten Sie Ihren Vorgesetzten oder Datenschutzbeauftragten fragen, bevor sie handeln:

- Jemand will, dass sie ihm personenbezogene Daten zur Verfügung stellen.
- Jemand will, dass sie eine personenbezogene Auswertung erstellen und diese weitergeben.
- Ihr Bauchgefühl sagt Ihnen, dass das geforderte in Sachen Datenschutz wohl nicht so ganz in Ordnung sein dürfte.

11 Verantwortung in Sachen Datenschutz

11.1 Verantwortung des Unternehmens

Das Unternehmen gilt als sogenannte verantwortliche Stelle und ist damit für die Einhaltung der Bestimmungen über den Datenschutz verantwortlich.

- Das Unternehmen wird durch die Geschäftsleitung vertreten.
- Das Unternehmen bleibt auch dann verantwortlich, wenn es Dienstleister mit der Verarbeitung von Daten beauftragt.
- Den Datenschutzbeauftragten trifft keine Datenschutzverantwortung. Er wirkt darauf hin, dass das Unternehmen datenschutzkonform arbeitet.

11.2 Arbeitnehmerhaftung bei Datenschutzverstößen

Beschäftigte sind zwar ein Bestandteil der verantwortlichen Stelle, dennoch trägt jeder Beschäftigte Verantwortung im Rahmen der so genannten Arbeitnehmerhaftung.

Haftungsgrundsätze im Hinblick auf Schadenersatz:

- Vorsatz und grobe Fahrlässigkeit: Volle Haftung
- Mittlere Fahrlässigkeit: Anteilige Haftung
- Leichte Fahrlässigkeit: Keine Haftung

11.3 Folgen für Arbeitnehmer

- **Arbeitsrechtlich**
  Abmahnung, (fristlose) Kündigung, Schadenersatzpflicht gegenüber Arbeitgeber
- **Zivilrechtlich**
  Schadenersatzpflicht gegenüber einer geschädigten Person
  Beispiel: Ein Mitarbeiter verbreitet und korrekte Informationen über Zahlungsschwierigkeiten eines Kunden. Der gute Ruf des Kunden wird dauerhaft beschädigt, der Kunde wird insolvent.
- **Strafrechtlich**
  Geld oder Freiheitsstrafe

12 Der Datenschutzbeauftragte

12.1 Erforderlichkeit eines Datenschutzbeauftragten (DSB)

- Sobald in einem Unternehmen mehr als 9 Personen mit der automatisierten Verarbeitung personenbezogener Daten beschäftigt sind, muss das Unternehmen einen DSB bestellen.

- Bei nicht-automatisierter Verarbeitung besteht die Pflicht ab 20 Personen.
- Eine Bestellpflicht ohne Personen Grenze besteht, wenn
  - es Verarbeitungen gibt, die von einem DSB vorab geprüft werden müssen,
  - das Unternehmen als Auskunftei tätig ist oder Adresshandel betreibt.

12.2 Wesentliche Aufgaben des DSB

- Hinwirken auf die Einhaltung des BDSG und anderer Vorschriften den Datenschutz.

- Durchführung von so genannten Vorabkontrollen.
- Kontrolle, dass Datenverarbeitungsprogramme ordnungsgemäß eingesetzt werden.
- Beschäftigte für das Thema Datenschutz sensibilisieren und mit den Anforderungen vertraut machen.

12.3 Rolle des DSB

- Ist nicht für die Einhaltung der Bestimmungen über den Datenschutz verantwortlich, er wirkt darauf hin.
- Berät die Leitung des Unternehmens und ist dieser direkt unterstellt.
- Ist Ansprechpartner für Führungskräfte, Mitarbeiter und Dritte (zum Beispiel Beschwerden oder Auskunftsersuchen).
- Macht bei Bedarf das so genannte Verfahrensverzeichnis für jedermann zugänglich.
- Ist Empfänger der so genannten Verarbeitungsübersicht und unterstützt bei deren Erstellung.

13 Datenschutzkontrolle

13.1 Wer kontrolliert die Einhaltung des Datenschutzes?

Interne Stellen

- Datenschutzbeauftragter
- Betriebsrat
- Revision

Externe Stellen

- Aufsichtsbehörden für den Datenschutz
- Strafverfolgungsbehörden
- Mitbewerber (Wettbewerbsrecht)
- Kirchen, Gewerkschaften, Medien, Gesellschaft

13.2 Aufsichtsbehörden

16 Aufsichtsbehörden in den Bundesländern, sowie Bundesbehörde (Bundesbeauftragter für den Datenschutz)

- Aufgaben der Aufsichtsbehörden
    - Kontrolle der Einhaltung der Datenschutzbestimmungen bei Erhebung, Verarbeitung und Nutzung personenbezogener Daten
    - Beratung und Unterstützung von Datenschutzbeauftragten und verantwortlichen Stellen
    - Beschwerdestelle für Betroffene
- Befugnisse
    - Kontrolle, Prüfung, Auskunftsrechte
    - Zutrittsrecht vor Ort, Einsichtsrecht in Unterlagen und Datenverarbeitungen
    - Recht zur Anordnung von Maßnahmen zur Beseitigung von Mängeln
    - bei schweren Verstößen oder Mengen: Zwangsgeldern untersagen der Verarbeitung personenbezogener Daten
    - Recht, die Abberufung des Datenschutzbeauftragten zu fordern

13.3 Strafverfolgung

- Staatsanwaltschaft und Polizei, Eigenständiges Tätigwerden oder nach Information durch Aufsichtsbehörde oder nach Strafanzeige/Strafantrag
- Beispiele für Straftaten mit Datenschutzbezug:
    - Diebstahl von Datensätzen, Datenträgern
    - Verrat von Betriebsgeheimnissen
    - Ausspähen von Daten, Hackerangriffe
    - Beleidigungen im Internet
    - Betrug, Phishing & Co.

14 Datenschutzverstöße

14.1 Informationspflicht bei unrechtmäßiger Kenntniserlangung von Daten

Das Unternehmen stellt fest, dass zum Beispiel Gesundheitsdaten oder personenbezogene Daten zu Bank oder Kreditkartenkonten

- unrechtmäßig übermittelt oder
- Dritten auf sonstige Weise zur Kenntnis gelangt sind und
- es drohen schwerwiegende Beeinträchtigungen für die Rechte oder schutzwürdigen Interessen der Betroffenen.

Die Folge: Weitreichende Informationspflichten nach § 42a BDSG für das Unternehmen!

14.2 Pflichten des Unternehmens im Falle von § 42a BDSG

- Umfassende und unverzügliche Information der zuständigen Datenschutzaufsichtsbehörde!
- Betroffene müssen unverzüglich informiert werden über
    - Hergang der unrechtmäßigen Kenntniserlangung,
    - Empfehlung zur Minderung möglicher nachteiliger Folgen,
- Eventuell Information der Öffentlichkeit über halbseitige Anzeigen in bundesweit erscheinenden Tageszeitungen.
- Es müssen angemessene Maßnahmen zur Sicherung der Daten getroffen werden.

14.3 Pflichten für jeden Mitarbeiter

- **Besteht der Verdacht auf einen Datenschutzverstoß, muss unverzüglich der Vorgesetzte und der Datenschutzbeauftragte informiert werden!**
- Keine Zeit verlieren, wenn insbesondere folgende Daten unbefugt übermittelt oder Dritten zur Kenntnis gelangt sind:
    - Besondere Arten personenbezogener Daten nach § 3 Abs. 9 BDSG (zum Beispiel Gesundheitsdaten)
    - Personenbezogene Daten, die einem Berufsgeheimnis unterliegen
    - Personenbezogene Daten zu Bank- oder Kreditkartenkonten

14.4 Verstoß gegen Anforderungen des BDSG

Was geahndet werden kann, ergibt sich aus Bußgeld und Strafvorschriften, zum Beispiel aus den §§ 43, 44 BDSG

Beispiele für Verstöße, die zu einem Bußgeld von derzeit bis zu **50.000 €** führen können:

- Vereinbarung zur Auftragsdatenverarbeitung nicht mit Dienstleister geschlossen,
- obwohl erforderlich, kein Datenschutzbeauftragter für das Unternehmen bestellt,
- einen Betroffenen wird das ihm zustehende Auskunftsrecht nach § 34 BDSG verweigert.

Beispiele für Verstöße, die zu einem Bußgeld von derzeit bis zu **300.000 €** führen können:

- Unbefugtes erheben, verarbeiten oder nutzen personenbezogener Daten, die nicht aus allgemein zugänglichen Quellen stammen,
- Missachtung der Informationspflicht unrechtmäßiger Kenntniserlangung von Daten nach § 40a BDSG.

WICHTIG: Bußgeldgrenzen können auch überschritten werden! Die Bußgeldhöhe soll einen wirtschaftlichen Vorteil aus dem begangenen Verstoß übersteigen.

14.5 Datenschutzverstöße außerhalb des BDSG

14.5.1 Strafrecht

Beispiel: Ein Mitarbeiter kopiert die Kundendatenbank, um einen Freund beim Start in die Selbstständigkeit zu unterstützen (Diebstahl nach § 242 StGB, Verrat von Geschäfts- und Betriebsgeheimnissen nach § 17 UWG).

14.5.2 Zivilrecht

Beispiel: Eine Frau mobbt ihre Kollegen durch die Veröffentlichung von heimlich gemachten Fotos und übler Kommentare im Internet (Unerlaubte Handlung nach § 823 BGB).

14.6 Beispiele für rechtskräftig verhängte Bußgelder

- **36.000 €** gegen Lidl wegen systematischer Ausforschung und Erfassung von Krankheitsdaten der Mitarbeiter.[2]
- **54.000 €** gegen Europcar wegen heimlicher GPS Ortung von Mietwagen.[3]
- **60.000 €** gegen Easycash wegen unzulässiger Weitergabe von Kontodaten und Daten über Zahlungsvorgänge.[4]
- **120.000 €** gegen Postbank wegen Weitergabe von Kontodaten an freiberufliche Handelsvertreter.[5]
- **137.500 €** gegen Drogeriekette Müller wegen Sammeln von Krankheitsdaten und Nichtbestellen eines Datenschutzbeauftragten.[6]
- **200.000 €** gegen Hamburger Sparkasse wegen Gewährung mobilen Zugriffs auf Kontodaten durch Dritte.[7]
- **1.100.000 €** gegen Deutsche Bahn wegen unzulässiger Mitarbeiterüberwachung.[8]
- **1.462.000 €** gegen Lidl wegen unzulässiger Mitarbeiterüberwachung.[9]

---

[2] Der Westen, 19.08.2009, „...Bußgeld gegen Lidl"
[3] Die Welt, 17.07.2012, „Europcar spionierte Kunden aus..."
[4] Spegel Online, „...Easycash zahlt 60.000 Euro Bußgeld"
[5] Spiegel Online, „...Postbank muss Bußgeld zahlen"
[6] Süddeutsche.de, 17.05.2010, „Wer schnüffelt, muss zahlen"
[7] Heise online, 23.11.2010, „...hohes Bußgeld gegen Hamburger Sparkasse"
[8] Zeit Online, 23.10.2009, „Bahn akzeptiert Bußgeld für Datenskandal"
[9] Stern.de, 11.09.2008, „Lidl muss Millionen-Strafe zahlen"

FSC
www.fsc.org

MIX

Papier aus ver-
antwortungsvollen
Quellen
Paper from
responsible sources

FSC® C105338